그리움 서성이다

정옥희 시집

계간문예

그리움 서성이다

| 시인의 말 |

내 삶에 끼어 든 문학의 씨앗

내 삶에 끼어 든 문학의 씨앗이
발아하기까지 참으로
그 길은 멀고 험했습니다.

나의 시들은 핏기 마른
나뭇잎들 위로
빈약하게 내리는 비처럼
조금씩 조금씩 가슴에 젖어 들었습니다.

첫 시집을 출간하기까지 시의 길로
이끌어주신 홍금자 스승님과 시업을 함께 했던
동인들의 사랑이 있었습니다.
모든 이에게 고마운 마음을 전하면서
시의 지문을 찍습니다.

2024년 초가을
정옥희 올림

| **축하의 글** |

문학의 시간과 결, 그 길을 따라

  시 쓰기에 열정을 다 하는 정옥희 시인의 첫 시집 상재를 축하드립니다. 먼 거리 마다않고 시 창작 수업에 열심히 참여했던 정 시인의 모습이 무척 아름다웠습니다. 문학의 시간과 그 결, 그 길을 따라 마음 다하며 하나님께서 주신 달란트로 시의 언어들이 누군가에게 사랑의 위로가 될 수 있기를 기원합니다. 그의 시속 몽돌의 이야기처럼 얼마나 많은 아픔과 견딤의 시간을 거쳐야 매끈한 몽돌이 되겠는지요.

> 얼마나 많은 시간
> 부딪고 깨어졌는지 묻지 말자
> 바람에게도 파도에게도
> 저 푸른 정념, 오랜 견딤의 고통
> 자아를 찾아 나서는 동안
> 내 안에 쌓였던 아픔의 덩이들
> 저 몽돌의 눈물로 씻어내린다
>
>   ― 〈백령도 몽돌〉 3연에서

앞으로 정옥희 시인의 왕성한 시업이 이뤄지기를 바랍니다.

2024년 초가을
홍금자 (시인 · 한국시인협회 상임위원)

| 차례 |

시인의 말 • 5
축하의 글 • 6

제1부 그리움 서성이다

그리움 서성이다 • 15
봄이 오는 길목 • 16
화성습지 • 17
폐교 • 18
바람은 요술쟁이 • 20
야생화 1 • 21
산다는 것 • 22
자화상 • 24
호숫가에 핀 수선화 • 25
백일홍 • 26
꽃신 신던 날 • 27
2월 즈음 • 28
나무 • 29
가을비 • 30
가파도 청보리밭 • 32
기억 저 너머 • 34
오월이 오면 • 36
봄이 오면서 • 38

제2부 백령도 몽돌

백령도 몽돌 • 41
홀로 있는 시간 • 42
갈대 • 43
야생화 2 • 44
수덕사 • 45
가을비 내리는 오후 • 46
하루 • 47
시간의 홀로 • 48
겨울 엽서 • 49
추억 그리기 • 50
유년의 뒤꼍 • 51
줍는다 • 52
인생 • 53
그리움 • 54
너를 사랑한다 • 55
어머니의 꽃밭 • 56
예수 • 57
벚꽃 • 58

제3부 겨울비

코로나19 • 61
서두름 없는 삶 • 62
여름 한 모퉁이에서 • 63
생명 • 64
산촌 • 65
유달산 • 66
여행 • 67
세월 흐르듯 • 68
불길 휩쓸고 간 자리 • 69
겨울비 • 70
바다에서 길을 읽다 • 71
녹도 • 72
덕수궁 돌담길 • 73
자연의 전언 • 74
그때의 어머니 • 75
나이 든다는 일 • 76
떠나지 못하는 겨울바람 • 77
한강 • 78

제4부 산다는 것

해바라기 • 81
아버지의 먼 여행 • 82
가을 풍경 • 84
밤길 • 85
캐나다 • 86
가고 오는 해 • 87
갯벌 • 88
말 • 89
영등포역 근처 • 90
사람이 그리운 계절 • 91
내 동생 • 92
일기장 • 93
11월의 비 • 94
삶이란 • 95
유채꽃 피다 • 96
수평선 금을 긋다 • 97
시간도 잠시 머물렀다 • 98

해설 • 101

제1부

그리움 서성이다

그리움 서성이다

어디쯤 왔을까
멀어져간 시간들
내 안 깊숙이
정지되어 있는 듯
여기 머문다
더디게 더디게
기댈 등도 없이
끝없이 밀려온 언어들
세상엔 아픈 것이 참 많다

견디기 위해서
눈물이 필요하다
가슴 쓸어내리며
봄비처럼 고요하게
아파도 웃는다
산다는 것은
모두 참는 일뿐
흔들리다 흔들리다
그리워서 운다

봄이 오는 길목

시린 눈발로
겨울을 왔다가 떠난
단양 흙담집 봄마중한다

뒷산 소쩍새 목청껏 울면
개울가 버들강아지도
덩달아 목을 적신다

가지마다 움 틔우며
산유화 저만치 피어
봄마중한다

담장에 개대어 핀 복사꽃
바람 불어 내 발등에 내려앉는다
머지않아 어둠 벗고
고난도 슬픔도 지나가겠지
오늘 기다리던 봄비가
내릴 것만 같다

화성습지

자연의 순리
먹이를 찾는 철새들의 날갯짓
한 폭의 그림이다

바다와 마주보는 호수
생명의 땅
공중을 날아오르는
부리 긴 저어새 세상

바다와 몸을 섞는 화성습지
갈대 숲 무성한 사이로
이제 막 돌아온 어미새 품에
새끼들 모인다

호수 곁 산책로를 걷는다
그리고 생각한다
우리들의 생명의 근원지
자연과 공존하는
목숨의 터전, 여기

폐교

오랜만에 찾아 간 모교
녹슨 정문 옆
동상은 잠들고
아이들은 간데없다
나른한 햇살만이
빈 운동장에 내린다

오래된 늙은 느티나무
사방치기 고무줄놀이 공기놀이
그리운 유년이 남아있는
추억을 간직한 채
묵묵히 서 있다

환청인 듯 들려오는 친구들의
재잘거림 크고 작은 웃음소리
귓가에 들리는 듯하다

텅 빈 교실마다 줄 맞춰 놓인
낡은 책상엔
그때의 국어책이 놓여있다

태극기와 교훈도
나란히 걸려
교실은 아직도 근엄하다

모두가 떠나간 자리
어디서 무엇을 하며 살아갈까
나 혼자 빈 의자에
앉았다 일어서 본다

그때를 추억하며

바람은 요술쟁이

마니산 내려와
쉬어간 자리
봄의 물결 일고 있다

낮은 산 중턱
봄 소리 가득하다

맞은편
저 너머 바다내음
봄바람 타고 온 꽃망울
가슴 활짝 열었다

어느새 꽃들의 잔치
여기 저기
개나리 병풍처럼
둘러 서 있다

봄바람은 요술쟁이

야생화 1

겨우내 잠자던 땅속의 여린 싹들
서서히 기지개 켜며 일어선다
산과 들 논두렁 밭두렁
복수초 꽃잔디 노루귀 할미꽃
송엽국 꽃창포 은방울꽃 앵초
모두가 돌봐주지 않아도
시간에 맞춰 고개 내밀며
세상을 엿본다

아지랑이 타고 온 봄
벌 나비 심심할까봐
땅 심 키우느라 바쁜 들꽃들
꽃동산 만들어 놓는다
얽히고설키고 뜯기고 깨어져
누구 하나 돌봐 주는 이 없어도
아낌없이 스스로 피워낸다

아, 하나님의 저 큰 섭리로

산다는 것

삶의 경이로움조차 잊었다

일상은 언제나 도돌이표
어디쯤일까

가던 길 잠시 멈추고
뒤돌아보니
온 길 잊은 듯
갈 길도 알 수 없다

오늘도 무심히 걷는다
흔들리는 잎새들도
말이 없다
때로는 자맥질하는
물고기처럼
생명을 붙잡는 숨
천천히 내쉬어 본다

일상에 쫓겨
잃어버린 것들

서서히 내 곁에
말을 건넨다

산다는 것은
늘 그런 것이라고
그리고
간혹 이상기온도
있는 것이라고
말을 해 준다

자화상

나는 누구인가
나를 읽는다
내가 나를 찾는다

나를 아는 것이
나답게 사는 것일 게다
외면할 수 없다
나도 모르는 나 찾기

세상의 어둠 속에서
미로를 헤치며 찾아가듯
빛을 찾는다

그림자 길게 드리우고
저녁노을 바라보며
하나의 풍경 속에
붉게 물들고 있는
나 자신을 바라본다
바로 여기 내가 서 있다

호숫가에 핀 수선화

빈 마음 허전하여 헤매다가
나는 보았다
길옆 노랗게 피어나는 봉오리
수줍게 드리워진 들풀 사이로
그날도 흔들리던 너

길가에 높지도 낮지도 않은 그 자리
비바람 한바탕 휩쓸고 간 곳에
단단히 뿌리내린 노오란 사랑 하나
너였구나, 수선화

겨울은 이미 떠났고
호숫가 홀로 머리 내민
너의 청초한 아름다움
수선화
너의 대한 나의 사랑
노랗게 나도 네 곁에서
너를 지켜보고 있는
어느 봄날 오후

백일홍

백일홍 몇 송이
어머니 좋아 하시던
그 꽃 어김없이
올해도 피었다
한여름 빗줄기 속에서도
붉은 생명 붙들고
기어이 꽃을 피웠다

하늘의 섭리인 듯
고향집 앞마당
어머니 즐겨 가꾸셨지
눈을 감아본다
붉은 꽃잎마다
진딧물 잡아주며
곱게 웃으시던 어머니
그 어머니 가셨지만
백일홍 송이송이
꽃을 피워 나를 반겨준다

꽃신 신던 날

먼 어린 시절
아버지가 사다주신 분홍색 꽃신
신다가 흙 묻으면 옷소매로 닦아
댓돌 위에 놓았다

자다가도 깨어 신어보곤 했던
내 꽃신 한 켤레
동네 한 바퀴
자랑삼아 돌던 그때

흙먼지 비온 뒤
뽀드득 소리 나도록 씻어 신던
어린 계집아이 보물 제 1호

해맑은 웃음 꽃신 품에 안고
어머니 부르시는
고향집 가던 유년 거기
오늘 따라 그리워진다

2월 즈음

열두 달 중 키 작은
겨울과 봄 사이
너, 이월
멈추면 들리는 소리
유순한 인사를 건네며
숨어있는 봄바람
가만히 흔들어 깨운다

목련 몇 송이
골목길 담장 속에서
봄을 만난다
지난겨울
사람들이 남기고 간
외로움의 조각들
아지랑이 속으로 사라져간다

이월, 생동하는 모든 것
생명의 삶으로
이어주는 질긴 끈

나무

반송동 센트럴파크
나무들이 만들어 놓은
풍경 속으로 들어간다
잠시 진갈색 커피에 목을 축인다

공원에 우뚝 서 있는
큰 나무들 사이로 계절을 읽는다

한여름 더위를 막아주던 잎들
가을의 풍성한 열매들
이제 부피를 줄여
마무리 할 채비를 하는 겨울
모든 것 비워내고 찬바람을 맞는다

봄 여름 가을 겨울
나를 버리지 못할 때면
여기 나무를 만나러 온다
스스로 자신의 잎을 지우는 저 나무들
비움의 의미를 생각하며 시간을 깁는 중

가을비

그대 놓고 간
가을비
가슴에 내린다

바람에 떨어지는
나뭇잎마저
잊혀진 사랑을 덮는다

아무 생각 말고
지난 이야기 나누다 가렴
붉은 낙엽 몇 잎
빈 가지 위에 떨고 있다

흰 머리칼
갈대가 바람에 드러눕는다
가을이 떨어진다

빈 들녘에 서서
고요의 나를 만난다
모두가 떠난 자리

가을비 내린다
어김없이 마음 흔들린다
그 비 고스란히 받아 준다

봄 여름 지내놓고
무슨 사연 또 남았을까

세월 저 편에 묻어둔
한 폭의 수채화
가을비 속에 그린다

가파도 청보리밭

낮은 돌담 집
이야기가 있는 제주 섬
흰 파도 일렁이는 바다
사방을 둘러봐도
청보리 밭이다

파릇한 빛
윤슬로 넘실거린다
해안도로 쉬어가는 곳
바다내음 코끝을 스친다
가파도의 봄

넓은 청보리밭 길 지나면서
먼 어린 시절
아버지 불현 듯 떠 오른다

기지개를 켜는
여물지 않은 어린 보리
꼭꼭 밟아주면

쑥쑥 잘 자란다하지
이리저리 마구 뛰며 밟았다

힘겨웠던 보릿고개
배고픈 설움
눌러 참던 그때
알곡 많이 맺거라
잎새 쓰다듬던 아버지
할머니 밥상에
보리밥 한 그릇
아버지 마음 졸이던
가파도의 해 저물어간다

기억 저 너머

경포대 앞
카페 촌 즐비하다
카페 라테
한 잔 속 출렁임

창밖
눈 덮인 소나무 길
낙엽 되어 떨어진 솔잎들

먼 어린 시절
마음 아팠던 기억 하나
시린 손 호호 불며
마른 솔잎 긁어모아
군불 때시던
기억 저 너머
어머니의 갈퀴 손

추억에 남아있는
풍요로움 속 빈곤이
코끝을 스친다

서로의 마음 문 열고
떠나온 가족여행
이만큼 귀한 시간이
어디에 또 있을까
그러나 마음 한 켠
어제의 일처럼
지난 아픔의 가시들

이제는 만날 수 없는
부모님들과의 빈곤한
삶의 여정
끝없이 아쉬움으로
박혀있다

기억 저편 지워지지 않는
가난한 그림 한 장

오월이 오면

자스민의 향기가
담장 밖으로까지 넘쳐난다
그 사이 사이로
송이송이 피어나는
줄장미의 진홍빛 화사함
오월을 흔들어 놓는다

늦게까지 남아있는
아카시 향까지 보태져
진정 오월은 꽃향기의 계절이다

이팝나무
함박 눈송이로 피었다
온통 하늘이 하얗다
날으는 새들조차
그 꽃그늘 아래 숨는다

모내기하느라
땀 흘리시는 아버지
광주리에 새참 나르시던

어머니의 등에
흥건히 고였던 가난함

앞산 소쩍새 우는 한 나절
초록들은 쑥쑥 키를 높일 즈음
어느새
뜨거운 여름이
내 앞에 머리를 내밀고 있었다

오월이 오면

봄이 오면서

저만치 오는 봄
연둣빛 물들어 가는 길목
길섶 돌보는 이 없는
하얀 찔레꽃
봄 언덕 풍경
지친 마음 달랜다

긴 겨울
혼자서 견디었다
찔레꽃

언덕 덤불 사이
간식 대신 연한 순 꺾어 주던
엄마의 따뜻한 손
그리움에 가슴이 먹먹하다

찔레꽃 피는 봄이 오면
어김없이 스며드는
어머니 그 사랑

제**2**부

백령도 몽돌

백령도 몽돌

파도가 놓고 간 검은 빛
파랑에 씻기고 바위에 부딪쳐
보석 하나 되었다

얼마나 많은 시간
부딪고 깨어졌는지 묻지 말자
바람에게도 파도에게도
저 푸른 정념, 오랜 견딤의 고통
자아를 찾아 나서는 동안
내 안에 쌓였던 아픔의 덩이들
저 몽돌의 눈물로 씻어 내린다

이제 후회하지 않는다
뒤돌아보지도 않는다
너에게 이르기까지
바다의 몸을 스스로 휘감고
해안선 끝에서
네가 허락한 만큼으로 자라
다시 널 그리워하리라

홀로 있는 시간

홀로 있는 시간은 쓸쓸하지만
아름다운 호수처럼 잔잔하다

바쁘다고 밀쳐두었던
내 안의 나를
조용히 볼 수 있어 행복하다

여럿 속에 있을 땐
미처 되새기지 못한
삶의 깊이와 무게를
헤아려 볼 수 있어 행복하다

내가 나를 돌아볼 수 있는
홀로 있는 시간

고독 속에 나를 길들이는 시간

갈대

징검다리 사이로
물소리의 속삭임
노래인 듯
슬픔의 소리인 듯
해질녘이 지나도
흐르고만 있다

강둑에 나가
가만히 들어 본다

갈대숲조차
그리움의 울음 운다
그 위로 나는 물새들도
슬픔의 행렬지어 날아간다

갈대는 눈물의 근원

야생화 2

겨우내 침묵하던
야생화 눈을 떴다
봄 마중 나갈 채비 중

수덕사

덕숭산 수덕사
비탈진 산자락 기대어
산새들의 지저귐 요란하다
상념 깊은 자연의 품
깊은 계곡물소리
가슴으로 안는
노송의 자애로움

발길 닿는 곳마다
취나물 두릅 다래 순
맘껏 바구니에 담는
비구승의 손길

연민의 삶들이
겨울바람에
얼었다 풀리길 반복하는
계절의 변함없는 시간 속에
말없이 흐르고 있다

가을비 내리는 오후

가을비 내리는 오후
조용한 호수공원
그리움이 밀물져온다

격정의 낙엽
사색의 시간
저 멀리 채색된 마른 잎
초록을 잊었다

계절은 깊은 가을로
뜀박질하며 가는데
가을비 내리는 오후
나는 낙엽 한 장의 무게로
쓸쓸히 발길을 옮긴다

하루

햇살에 가로수 잎이 눈부시다
봄날 이야기들 보랏빛 수수꽃다리
숱한 고백이 쏟아지는 어느 날 오후

잃었던 꿈을 더듬어 본다
꿀벌들의 부지런함처럼
지나는 계절을 따라
보람으로 넘치는 삶이고 싶다

따듯함이 얼마나 소중한지
배려함이 얼마나 귀한지
오늘도 한층 더 오른
긴 여정의 종착지를 향하며
자신을 바라보고
별을 바라볼 수 있는
한 날의 깊음 속에 들어본다

지상에서 치르는
마지막 향연처럼

시간의 홀로

떠도는 시간
아찔한 순간들이
지나는 시간 속에 묻힌 채
끝이 없는 길 위에서
시간의 공백을 극복하고
마음에 품은 꿈을 펼쳐
정체성을 찾는 나의 출발점

바람이 스치는 창가
아련한 기억들 스며들어와
지나간 흔적들
속 깊이 파고 들어온다

어둠이 오는 순간
마음 한구석 희망의 불씨
끝이 없는 기다림 나를 깨운다

겨울 엽서

찬바람 어깨 스친다
걷고 또 걸어도
갈길 멀게 남아있음이여

길고 짧은 시계바늘처럼
끝없는 세상 삶의 풍경
벽을 짚고 서 있다

초겨울 바람이
낮은 햇살 무늬로
다가서고 있다

봄이 그리운 이에게
멀리서 오고 있는
그의 발자국
들려오는 듯하다

추억 그리기

사진 속 빛바랜 추억
벽 안에 있다
마른 꽃잎 같다
오랜 시간 남아 새겼던
마음의 긴 그림자 하나

따스함이 그리워지는 계절
연기 나는 아궁이 앞에서
군불 때던 어머니의 얼굴

창가에 낮게 외로움 퍼지면
울컥 눈물 나는 이유
벽 속에 그려지는
눈빛 선한 나의 어머니
목마른 그 너머
잔가지 사이로 스며드는
노을 한 조각
서산으로 숨어버리기 때문이다

유년의 뒤꼍

유년의 추억들
그리움으로 채색해본다

하얗게 여문
비비꽃 찾아
빈 벌판 누비며
헤매던 시절

돌아갈 수 없는 날들
기억 속에 모아본다

저녁노을 붉게 물들면
그리움은 잔물결로 찰랑인다
잠들지 못하는 유년의 뒤꼍

줍는다

코로나 19를 피해
미국 워싱턴
도스 윌립스 주립공원에 들었다
바다와 호수가 맞물린 곳
한적한 바닷가 해변으로 나갔다

검은 갯벌 사이
바위에 숨어사는
굴을 찾아 나섰다
잔잔한 물속 굴이 산다
이삭 줍듯 굴을 줍는다
얕은 수심에도 굴은 산다

세상엔 몸 낮추고 굽혀야 사는
삶의 방식이 있듯
굴 찾기도 낮은 자세여야 줍는다

여기서, 삶의 낮은 이치를 배운다

인생

집 앞 둘레길 걷다보니
굽이굽이 걸어온 길 사연도 많다

지나온 날들
얼마나 많은 시간을
되새김하며 살아왔던가
곰곰 생각에 잠긴다

젊은 날
꿈들 모두 어디로 날아갔을까
지금은 빈 꿈의 대문만 열려있다
붉은 노을 앞에서
가끔 사라진 것들에 대한
그리움에 빈 웃음을 짓기도 한다

인생의 가장 짧은 둘레길 위에서
오늘 남아있는 꿈을 손끝으로 세보며
천천히 걷고 있다

그리움

땅거미 질 때쯤이면
으레 밀려오는 그리움 하나

어머니,
당신의 주름진 손등에
입맞춤합니다

너를 사랑한다

꿈결 속
나를 붙잡고 있는
고향의 너그러운 품
늘 거기엔 당신의 사랑이
품 열고 기다리고 계셨습니다

어머니의 꽃밭

어머니
가장 좋아하셨던
들꽃 한 다발
당신께 올립니다

앞마당에 매년 가꾸셨던
채송화 분꽃 맨드라미도
올해는 심었습니다

아파트 베란다 가득
당신의 사랑의 꽃
풍성합니다

당신을 위한 꽃밭
오늘 가꾸었습니다

축복처럼 어머니의 꽃밭
꽃들로 가득합니다

예수

나는 말하네
예수는 듣고 계시네

수천 번 넘어지고 깨어져
상처투성인 나에게
부드러운 음성 들려주시네

'어서 일어나라'
일러주며
그 따뜻한 손 내미는
나의 예수
나의 하나님

벚꽃

봄을 품고 저만치 오는
이른 봄바람
더는 참을 수 없어
한꺼번에 해산
이 밤 꽃망울 모두 터트리네

꽃들은 저마다 환희의 몸짓
꽃물결 찰랑이며
한잎 두잎
어깨 위에 내려앉네

세상이 주는 어떤 기쁨보다
더욱 아름다워
서러움도 그리움도 슬픔도
사라지는 벚꽃세상
오늘 윤중로에서 만나네

제3부

겨울비

코로나19

코로나의 벽
찬바람 몰아친다

눈에 보이지 않는
작은 바이러스에
옴짝달싹 못하는
존재를 실감한다

자고 깨면 들려오는
비명의 소리
뉴스조차 무서워지는 요즘

현관 밖 툭툭 던져있는
별이 된 지난 밤 사람들
이제 그만
여기서 멈출 수 없을까

서두름 없는 삶

오늘 기다림 뒤에
알게 되는 일상의 풍요
서두름 없는
삶의 속도는 얼마큼일까
세상의 파도에
등 떠 밀려온 여기
완행열차 타고
차창 밖 들꽃 보며
그냥 웃고 싶다

지금까지 나를 따라온
가파른 오름길에서
내려다 본다
저기 노랗게
잘 익은 벼가
고개 떨구고 있다

멀리 지평선 바라본다

여름 한 모퉁이에서

짙푸른 초록을
키우는 계절
온통 푸른빛
대지가 빛난다

그늘 드리운 나무 밑
툭 툭 툭
거짓말처럼 내리는
소나기 한 자락
어느새
한낮의 더위를 식혀준다

차마 아직도
버리지 못한 것들
여름 소나기로
씻겨 버릴 수 없을까

여름 한 가운데서

생명

존재의 경이로움
나의 일상은 도돌이표
어디쯤일까
가던 길 멈추고 뒤돌아보니
걸어온 길 지워져 찾을 수 없다

오늘도 무심코 그냥
바람처럼 지나갈 것이다
너른 세상 바다에서
나는 무엇으로 남을 것인가
곰곰이 생각해 본다

유리창 너머로 들어오는
노을 풍경에서
잊을 수 없는 그리움 가슴에 얹힌다
아마 내가 잃어버린 신발 한 짝
여기쯤에서 찾았나 보다

생명의 환희

산촌

아침 고요 도시를 떠나
고향으로 간다
민들레 먼저 인사한다
이방인 같다

녹슨 펌프, 시원한 물줄기
가슴 속 묵은 먼지까지
씻어 내린다

논밭에 씨 뿌리며
텃밭에 먹거리 새참 즐기며
잠시 세상을 잊어본다

욕심 없는 풍요로움
문밖 개구리 소리
달빛 받은 소박한 뜨락
산촌의 하루 어느새 저물었다

문 열고 꿈 하나 들어선다

유달산

목포 유달산 바위들의 이야기
오랜 세월 슬픈 사연 간직한 채
지맥을 짚어본다
바위와 수목이
어우러진 아름다운 풍광
산마루마다 기묘한 조화다

수많은 기암괴석
마을을 감싸 안고
장미가 피어 있는 듯
바위 위 꽃 한 송이가
절묘한 조화다

나라의 위급한 기별 봉화로 전하던
넓은 마당바위 흔들바위
지나는 사람들 바라보는 얼굴바위
목포를 지키는 파수꾼
유달산에서 만나다

여행

낯선 길 위에서 만나는 언어들
바닷가 철썩대는 파도 소리
삶의 진실을 묻고 싶을 때면
하얗게 부서지는 파랑을 본다

화려한 여행이 아니어도 좋다
누군가의 안부가 그리워 질 때면
아득히 저물어 가는 일몰을 본다
어둠 속으로 묻히는 빛이
아침의 여명을 낳기 때문이다

외로울 때는 책을 연다
기쁨을 나눌 친구를 만난다
조심스레 읽었던 나를 거기서 만난다

희망을 열어줄 높은 정신의 성인들
자신을 감내하는 자의 의지가 거기 있다
아름다운 시간 행복한 여행 꿈꾸며 산다

세월 흐르듯

시간은 멈추지 않는다
뒤돌아서지도 않는다
아득한 먼 길
떠밀지 않아도
자기 길을 간다

어디를 향해 가는 것인지
그렇게 인연도
세월 따라 흘러간다

어제 오늘 그리고 내일
하릴없이 지나가는 시간들

잡히지 않는 내 작은 크기의 삶
차마 버리지 못한 것들
흐르는 세월에 맡기며
미지의 내일을 꿈꾼다

불길 휩쓸고 간 자리

화마의 아우성 1분 8초
세상 모든 것 집어 삼킬 듯
영역을 넓혀간다
울진 삼척 고풍리
화염 속으로 뒤덮이다

밤사이 불길이 휩쓸고 간 자리
칠십 오년 동안 몸을 맡기고
살아온 보금자리 잿더미 된 터전
봄이 그 위에도 왔다
서러움을 안고 왔다
견딜 수 없는 비애 가슴이 젖는다
남은 것이 없다

다만 까맣게 타버린 나무들 뿐
바라본 하늘은 왜 저리도 눈이 부신건지
화마가 휩쓸고 간 자리에서도
땅은 생명을 꼭 품고 있다가
여린 싹들로 세상을 푸르게 푸르게

겨울비

슬픈 가을 낙엽들
제 자리를 떠난 후
겨울비 내린다

쌓인 낙엽 위에
톡톡 빗방울
떨어지기 시작하더니
어느새 바람까지 데리고 와
겨울의 위용을 보인다

모든 색이 지워진 계절
겨울비 속에서
지난 시간을 꺼내
그 위 내 발자국을 찍어본다

바다에서 길을 읽다

바다의 생명들은
저마다 보이지 않는 바다에서도
길을 잃지 않는다

세상 사람들은
길을 두고 길 아닌 길을
갈 때가 많다

물속에서 자유로운 목숨들
파도소리 그리워
울고 있을 뿐이다

지상에서 우리는 무엇을 위해
살아가고 있는 것일까

인간이 품고 있는 자아의 씨
언제쯤 빛의 길을 찾아 낼 수 있을까

녹도

너의 이름 녹도

금방이라도 폭풍 몰아칠
검은빛 바람

안개 자욱한 수평선 너머
녹도 섬 하나
한순간 사라졌다
다시 보이는 작은 섬 녹도

따뜻한 햇살 찾아들 때면
금방 빛나는 금빛 섬이 되곤한다

언제나 수평선의 일직선 크게 긋고
몸 풀고 있는 그리운 섬 녹도

덕수궁 돌담길

단비가
덕수궁 돌담길을 적신다
고즈넉한 길을 따라
발걸음 옮길 때면
알지 못할 평안이 온다

나무들도 우산처럼
빗물을 받으며
그림 같은 풍경을
만들어내곤 한다

아련한 추억들도
한 자락씩 빗물에 눕는다

덕수궁 돌담길은
한 편의 서정시가 되어
그리움으로 흐른다

자연의 전언

깊은 사색의 뜰
허공을 밟듯 스치는 바람 속에서
자연의 전언 한 마디

겸손하라
견디라
일어서라

작은 것들의 가르침
생의 절벽에서
애써 오르는
시간의 층계
견디며 일어서라는 그 말
가슴으로 받는다

그때의 어머니

어머니는 시이다
흐린 눈망울 눈물이 고인다
가파른 보리 고갯길
"난 배부르다, 너희들이나 먹으렴"
저 너머 어린 시절 어머니 기억
항상 그 말씀 귓가에 맴돈다

보름달 울타리 위 떠오를 때면
허기진 배 끌어안고
두 손 모으시던 나의 어머니
흰 고무신 하얀 옥양목처럼 닦아
제 자리 놓으려다
내 발에 신겨보시던 어머니
야윈 발 낡은 고무신 신으시고
산모롱 마중 나오시던 가난한 어머니
이제 사방을 둘러보아도 자취없다

흑백 사진 속
아직도 그 품은 따듯하다

나이 든다는 일

나이를 먹는다는 것은
서글픈 일이 아니라
삶에 대한
아쉬움을 갖는 일

언제나
신에게 무릎 꿇는
신성의 일

나이 든다는 것은
넉넉한 마음으로
삶의 자리를 풍요롭게 만드는 일

아직도 미흡한 나는
깨닫기 어려운 상형문자

나이 든다는 일

떠나지 못하는 겨울바람

이른 봄 그 자리에
겨울바람 머물러 있다

따스한 햇살
머리 위에 쏟아진다
바람 길 스쳐간다
푸름을 머리에 이고

붉게 타오르는 동백은
잔설이 녹기 전
걸어온 길 잊은 듯
갈 길도 모르는가 보다
가던 길 잠시 멈추고 돌아본다

다시 봄은 가고
오늘도 어제처럼
내일은 오늘처럼
계절이 지나가고 있다

한강

역사의 시간 속에
살아있는 이 땅의 젖줄
과거와 미래 그 속에서 숨 쉰다
이 민족의 삶
벼랑 끝에서도
절망에 허덕일 때도
의연히 감싸주던 한강이여

그 물길 따라 가다보면
천년의 몸체가
살아 숨 쉬고 있다
우리들의 산 역사여
한강은 설움과 절망 속에서도
굳건히 일어나
이 땅의 희망이었고
어머니의 품 이었다

이 민족의 산 증인
아름다운 한강이여

제4부

산다는 것

해바라기

온천지 노란 물결
백일 동안의 시간 견디고
목 길게 늘여
금빛가루 뿌려가며
겹겹이 단장한
정념의 여신
순간마다
태양의 사랑을 받는다

목이 휘도록 바라만 본다
까맣게 타버린 가슴
깊음의 순간들
그 사이 시커멓게
멍이 들었다

찬 서리 내려 꽃잎 지면
고개 드는 그리움
허무한 그리움만 남았다

아버지의 먼 여행

높지도 낮지도 않은 곳
아버지 계시다

제비꽃 필 즈음
강 건너 가셨다
큰 나무 그늘 만들어 주셨던
나의 아버지

슬픔은 왜 멀리서 바라보면
슬프지 않을까
볼 수 있는 거리
얼마쯤의 길이가 필요할까

아버지는
옛이야기를 자주 들려주셨다
진실을 말하는 까마귀
서로 돕고 살았다는
두꺼비 이야기

어린 자식 위해 화롯불
군밤 구워 주시던 그 사랑
아버지는 언제부터인가
먼 산을 바라보시며
자주 하시던 말씀
배움의 자세는 잊지 말거라
고난은 나를 성숙하게 한다
작은 일 소중히 여겨라
캄캄한 밤길 반딧불이
아무리 예뻐도
따라가지 마라

아버지의 교훈
오늘 같은 날
가슴속 낙관처럼 또렷하다

가을 풍경

바람은 가을을 낳는다

외로움이 쏟아내는
혼자가 되는 하루

가을 풍경 속
낙엽을 밟는다

날마다 진홍빛
바래가는 빈 들녘
바람에 허수아비의 날갯짓
짧은 햇살
마지막 헌신

한 계절 지나온 동안
남아있는 추억 하나
가을은 풍경 한 장 남겼다

밤길

나뭇잎 물든
공원 벤치에 앉다
스치듯 가을은
겨울로 잠행한다

오가는 발길들
지나가는 찬바람 소리
어두움을 밀고 간다

할로겐 불빛
밤하늘 밝히며
또 다른 계절 채비하고 있다

캐나다

휘슬러 마운틴
생명의 근원지
푯말이 선명하다

자연의 맑은 공기
아름다운 무지개 뜨는 산맥

가까운 거리에서
쏟아지는 폭포의
우렁찬 외침
목마름 채우는 쉼터

녹지 않는 얼음산
머리 위에 앉은
산속 풍경에
그리운 얼굴 떠오른다

타국에서
고국의 풍경을 그려보는 시간

가고 오는 해

한 해가 저문다
아쉬움이 밀물겨온다
천지가 새하얗다
눈길 더디게 걸어본다
멀리서 봄이 다가오는
기척이 들린다

나이 든 지금
한해가 갈수록
숫자에 예민해진다
애써 연륜의 지혜를 모아본다

오는 해 빠른 걸음 따라
나서는 새해를 맞는
하얀 눈길 위에서
또 한 장의 페이지를
넘길 수 있는
인생 설계도 들고 서다

갯벌

질퍽한 흙 속에
발을 담근다
들어왔다 나가는
수평선의 거리

날 몸을 여는 시간
내딛는 발자국마다
갯벌의 촉감이
그대로 전해진다
때로는
허망을 짚어 넘어지기 일쑤

갯벌에 목숨을
기대어 사는 사람들
갯벌은 생명의 터전

말

뒤돌아보지 않는다
마음 속 몇 번이고
뒤돌아보고 싶었다
깊은 사색의 뜰
그 시절
돌이킬 수 없다 해도
슬퍼하기보다
뒤에 남겨진 것들에게서
힘을 찾는다

세상 한 가운데
발걸음 옮길 때마다
허공을 밟듯 스치는
것들 속에서
자연이 하는 말
물 흐르듯
순리대로 살라는 교훈
오늘도 자연에서 배운다

영등포역 근처

영등포역 근처
철로 위 달리는 기차들
사람들 서둘러 오고가는 발걸음 속에
도시의 열정과 생명이 숨 쉬고 있다

영등포역 기차 소리와 함께
언젠가 누군가의
시작과 끝을 알리는 곳
열차가 도착하면 서둘러
승객들이 내리고
또 다른 이들의 출발점이 된다

해가 지고 밤이 깊어 가는데
불빛 눈부신 번화한 거리
자유로운 숨결이 가득한 곳
그림자와 빛의 조화
다채로운 인생의 이야기가 있다
끊임없이 살아 움직이는 곳
영등포의 밤은 잠들지 않는다

사람이 그리운 계절

얼어붙은 창 너머로
바라본 풍경
낙엽이 서서히 지고
담요 한 장으로
몸을 녹인다

바람에 흔들리는
나뭇가지들이
너의 목소리로 흔들리고 있다

이 시간이 가는 동안에도
자꾸 사람이 그리워지는 것은
가을 뒤엔 겨울이 오고
봄이 온다는 진리
기다림의 계절은 끝나지 않는다
그리움의 추억이 모여든다

생각과 기억의 한 페이지

내 동생

철 따라 보내준
동생의 택배상자
오늘도 어김없이
현관 앞 놓여있다

테이프로 단단히
엮어놓았다
가위로 자르고 풀어
열고 보니 동생의 숨결
정성이 가득했다
호박김치 감 밤 녹두 콩
끌어안고 목이 메인다

혈육의 정
세상에서
끊어지지 않는 가장 강인한 끈

일기장

나만의 세계 마음을 열고
생각을 정리하는 비밀의 문

매일 매일의 만남의 장소
내 삶의 한 장면이다
때로는 화산 같은 분노가
때로는 인자한 어머니의 마음이
날마다 교차되는 십자로

남은 생의 여정
일기를 쓰면서
날마다 나를 깨운다

나만의 사색의 영토를 넓혀가면서

11월의 비

11월의 비 내린다
갈색 커피 잔에도
비가 내린다

오늘 같은 날
마음 열고 차 한 잔
하고 싶은 사람

혼자서 창밖의
내리는 비 바라본다
쓸쓸함이다
외로움이다
삶의 오롯한 고독

초겨울 비 맞으며 옷깃을 여민다

삶이란

하루의 시간을
펼쳐본다
누구의 구속도
속박도 없는
오직 자유의 시간
나만의 시간
행복의 결정판

오늘 같은 날
나만을 위한
생의 환희
여기서 만난다

유채꽃 피다

푸른 하늘과
노오란 유채꽃의 땅

겨울 지나면
봄이 온다고
미리 귀띔해 주고
제 몸 푸는 전도사

봄 햇살의 온기가
온 세상의 생명을
풀어 놓는다

해맞이 길 위에
유채꽃 환하다
부끄럼 타는 봄날 아침

수평선 금을 긋다

수평선 끝 흔들리는 바람
골 깊은 구름 만들고
솟아오른 갈매기 떼
일렁이는 파도 한 입 물고 와
날갯짓에 달아
그림 한 폭 그리고 있다
쪽빛 바다 떠밀려오는 추억
만남의 기쁨도 이별의 아픔도
작은 파문의 일렁임도
때론 벗어나고 싶다

아무도 없는 빈 바닷가
너를 울린 곡조로
바다는 모로 누워 한밤에 운다
깜빡이는 등대불도 조용히 흐느낀다
부서지는 파도소리 출렁이는 바다
까만 밤에도 밀려오고 있다
자꾸 파도에 밀려오는 그리움
두 뺨 위에 흐르는 눈물
밤바람에 말리운다

시간도 잠시 머물렀다

인덕원 백운 호수
창밖 햇살 눈부시다
바다처럼 펼쳐졌다
그 뒤로는
작은 산이 병풍처럼 둘러있다

찻집 문을 밀고 들어서자
커피향이 진하다
라떼를 마시는 여인들
쌓이는 삶의 고달픔
한 잔의 커피 향에 녹인다

명당 카페의 오후가 나른하다
코로나로 메말랐던 시간들
보상이라도 받는 듯
가을이 오는 소리
이곳에서 먼저 듣는다

해설

| 해설 |

선천적인 사고에서 이뤄낸 성찰적 시 쓰기
― 정옥희 시집 《그리움 서성이다》

이오장 (시인)

　시인이 시를 쓴다는 것은 삶의 이야기를 전한다는 뜻이기도 하다. 독자와 서로 보충하고 도우면서 생각을 전개할 때 시인과 독자의 이야기가 된다. 이것은 시인이 물음을 제시하고 이에 대한 대답을 시도하며 이야기의 전개는 이뤄진다. 내적인 대화뿐만 아니라 외적의 대화로도 가능하지만, 이야기는 언어와 분리되는 것은 아니다. 사람의 생각은 마음에서 일어나므로 분리되어 전개되지는 않는다. 그러므로 시인이 생각을 풀이해 나간다는 것은 알고 있는 말과 우리의 말을 말본에 의해서 이어간다는 뜻이다.

사유는 언어가 마련해 준 길을 따라 물처럼 흘러가는 것이다. 그렇지만 말보다 생각이 앞서거나 생각보다 말이 앞서는 것도 아니다. 생각의 싹이 말의 출발점이 되는 것뿐이다. 그것은 말보다 앞선 깊은 느낌이나 새로운 빛 밝힘과 같다. 시는 말을 통해서만 뚜렷한 생각으로 이뤄진다. 생각과 말은 하나로 이뤄지고 이야기가 전개되는 것이다.

정옥희 시인의 언어 전개는 생각과 더불어 이뤄지고 그 한계점은 말 출발점의 생각과 같이 싹트고 이 싹은 말을 추월해서 나타나는 것 같지만 말, 즉 이야기를 통해서 명확하게 드러난다. 이것은 삶의 묘수를 찾는 게 아니라 삶의 천착에서 얻은 성찰의 결과물로 시를 쓰기 때문이다. 시인이 말을 찾고 있을 동안 생각과 싹은 아무리 깊어도 불분명한 느낌에 지나지 않으며 아무리 새로워도 붙들 수 없는 불 밝힘일 뿐이다. 그러므로 생각의 참다운 싹은 그것을 분명하게 드러나게 하려고 필연적인 말, 즉 언어의 광합성을 요구하고 생활에서 찾은 언어를 적절하게 표현하는 능력이 된다.

시인이 엉뚱한 발상으로 시를 쓰는 것은 이해가 되지만 이야기의 대상인 독자를 혼란하게 하는 방향의 말은 작품의 가치를 떨어뜨리게 되는데 정옥희 시인은 그것을 일상의 대화에서 찾아내어 독자들에게 편안함을 준다. 시인의 이성이 지식적인 경험 이전에 간직한 순수한 개념들로 작품을 채운 것이다, 경험만을 내세워 쓴다면 주관적이므로 보편적인 사유를 전개하는 절제를 보인

것이다. 다시 말하면 경험하기 이전의 인간이 본질적으로 지니고 있는 대상을 인식하고 지각의 대상은 사물 자체에 있는 것이 아니고 현상에 있는 것이어서 그 인식은 경험에 앞선 선천적인 직관 및 사고에 따라 이뤄냈다는 의미다. 그러므로 시인의 조건이 선천적인 자질에서 온 것이라 할 수 있다.

1. 수동적인 묘사의 기능뿐이 아니라 적극적인 순수성

언어는 일상에서 통용되는 여러 이야기 속에 쓰이는 길을 따라 의미가 달라진다. 그 쓰임이 엄격한 규범에 따른 것이라면 언어의 현상은 기계적으로 관찰되고 분석될 수 있을 것이다. 그러나 시의 언어는 일정한 규범에 따르지 않는다. 상황에 따라 동원되었다가 의미를 전달한 뒤에는 사라진다. 늘 상황에 따라 변하고 넓혀지기도 한다. 그것은 허구를 벗어나기도 하지만 실상을 옭아매기도 한다. 정옥희 시인은 이점을 파악하고 시를 쓴다. 개념의 불확실을 벗어나지 않고 실생활에서 사용하는 언어로 독자가 이해하고 해석하는 것을 돕는다. 시인이 개념의 영역 속에 움직이는 언어를 동원하는 것이다. 이는 수동적인 묘사의 기능뿐이 아니라 적극적인 순수의 창조성을 지닌다.

삶의 경이로움조차 잊었다

일상은 언제나 도돌이표
어디쯤일까
가던 길 잠시 멈추고 뒤돌아보니
온 길 잊은 듯 갈 길도 알 수 없다

오늘도 무심히 걷는다
흔들리는 잎새들도 말이 없다
때로는 자맥질하는 물고기처럼
생명을 붙잡는 숨
천천히 내쉬어 본다

일상에 쫓겨 잃어버린 것들
서서히 내 곁에 말을 건넨다
산다는 것은 늘 그런 것이라고
간혹 이상기온도 있는 것이라고
말을 해 준다

— 〈산다는 것〉 전문

 누구나 자신의 삶이 어디에서 와 어디로 가는지가 궁금하지만 아무도 모른다. 자연에서 얻었는지, 부모로부터 받았는지 모호하고 하늘이 줬다는 것에도 의문을 품는다. 생물학적으로는 부모로부터 받은 것은 분명하지만 정신적으로 본다면 자연인지 하늘인지 구분하기 어렵다. 낳고 살다가 죽음에 이르러서야 비로소 삶이 무엇인지를 알지만 그때는 늦은 후회가 덮친다. 그러다가

끝나는 게 인생이다. 다만 살아 있을 때 의무를 다하고 주어진 기간을 완전하게 마치는 것이 삶이라고 스스로를 위로할 뿐이다. 그러나 궁금하다, 정옥희 시인도 다르지 않다. 경이로운 삶인데 일상은 늘 도돌이표로 제자리를 돌고 있으며 어디에서 멈췄다가 어디에서 돌아볼 것인지도 가늠되지 않는다. 그래도 한 번의 멈춤이 없이 가야 하는 길이다.

  자맥질하는 물고기가 되어 숨결을 가다듬어 보지만 그때뿐이다. 그러나 답을 찾는다. 일상에서 아무리 발버둥 쳐 봐야 달라지지 않으니 스스로 답을 찾아낸다. 산다는 것은 그런 것이니 아등바등하지 말고 주어진 만큼 얻어진 만큼 그렇게 살면 된다는 해답을 찾는다. 그렇지만 쉽지 않은 일이다. 성인이라 할지라도 주어진 삶의 길이를 모르는데 무엇을 알 수 있을까. 그 기간에도 이상기온은 발생하고 졸지에 당하는 일이 많지 않은가. 시인은 누구라도 의문을 가진 삶에 대한 성찰에 고심하지만 결국 스스로가 만족하지 못하고 헛된 욕망에 빠진다면 산다는 것은 힘들고 괴롭지만, 자신의 족쇄를 풀어 욕망을 버린다면 행복하다는 것을 발견한 것이다.

    백일홍 몇 송이
    어머니 좋아하시던
    그 꽃 어김없이
    올해도 피었다

한여름 빗줄기 속에서도
붉은 생명 붙들고
기어이 꽃을 피웠다

하늘의 섭리인 듯
고향집 앞마당
어머니 즐겨 가꾸셨지
눈을 감아본다
붉은 꽃잎마다
진딧물 잡아주며
곱게 웃으시던 어머니
그 어머니 가셨지만
백일홍 송이송이
꽃을 피워 나를 반겨준다

— 〈백일홍〉 전문

  삶은 발견이다. 발견으로 인하여 사고는 시작되고 거기에서 찾은 상상이 실제로 이뤄진다. 발명했다는 것은 사물의 본질을 찾아내어 실생활에 이용할 목적으로 새로운 발견을 했을 때를 말한다. 더구나 정신적으로는 이것마저도 필요치 않다. 오직 자신의 의지와 발견만이 삶을 이루는 것이다. 살아가며 일상에서 헤아릴 수 없을 만큼 많은 물질과 사람을 만나는데 그것을 전부 기억하고 숙지할 수는 없다. 필요한 것만 먼저 골라 기억에 저장하고 사용한다. 그중 가장 특출한 것은 사랑이다. 사랑만큼은 어느 순간 어느 장소에서도 놓치지 않는다. 그런 사랑 중에 부모의 사랑은 죽을 때까지 품는 것이며, 어머니는 그런 존재다.

시인은 어머니의 환생을 꽃에서 보았다. 그것도 백 일 동안 화려하게 피는 백일홍에서 어머니를 읽었다. 대부분의 꽃이 열흘을 못 가는데 백일이나 지속되는 꽃으로 어머니와 만났다. 시인 자신이 백일홍을 좋아해서 어머니가 찾아온 것이다. 백일홍은 강인하다. 척박한 곳에서도 기어이 살아나 꽃을 피우고 환경이 변해도 피어나는 어머니를 닮은 꽃이다. 강인한 근성을 보고 그렇게 살아온 어머니는 같은 삶을 살았다. 한여름 빗줄기를 안고 끈질기게 살아나 꽃을 피운 백일홍을 장독대나 다당가에 심어두고 삶의 여유를 찾았다. 시인은 백일홍이 좋다. 어머니가 좋아한 꽃, 어머니가 기른 꽃을 가슴에 품고 어머니를 그린다. 진딧물을 잡아내며 곱게 웃던 어머니가 꽃으로 환생하여 시인은 반겨주고 시인도 그 길을 따라가는 아름다움을 묘사한 순수한 작품이다.

  자스민의 향기가
  담장 밖으로까지 넘쳐난다
  그 사이 사이로
  송이송이 피어나는
  줄장미의 진홍빛 화사함
  오월을 흔들어 놓는다

늦게까지 남아있는
아카시 향까지 보태져
진정 오월은 꽃향기의 계절이다
이팝나무
함박 눈송이로 피었다
온통 하늘이 하얗다
날으는 새들조차
그 꽃그늘 아래 숨는다

모내기하느라
땀 흘리시는 아버지
광주리에 새참 나르시던
어머니의 등에
흥건히 고였던 가난함

앞산 소쩍새 우는 한 나절
초록들은 쑥쑥 키를 높일 즈음
어느새
뜨거운 여름이
내 앞에 머리를 내밀고 있었다
오월이 오면

— 〈오월이 오면〉 전문

봄은 입춘이 한참이나 지나야 느낄 수 있다. 절기상 지정된 날이 지나도 추위는 물러가지 않고 눈 속에서 피는 복수초와 노루귀 정도가 봄을 알릴뿐 피부에 닿지 않는다. 진정한 봄은 벚꽃이 피고 복숭아 살구 개나리 진달래가 피어나야 비로소 실감한다. 5월은 계절의 여왕이라고 하는 진정한 봄이다. 모든 꽃이 때를 맞춰 왕성한 활동을 한다. 사람도 이때를 봄이라고 하며 모내기 준비를 하고 농경에 필요한 것을 실행하는 때다. 5월을 기다리고 맞이하는 심경은 그래서 가장 활발한 표시를 하며 최고의 행복감을 느낀다. 이때 향기를 만드는 장미를 계절의 여왕이라 부르는 것이다. 시인은 지금 들떠있다. 쟈스민 향기에 취하여 밤을 잊고 울타리에 넘치는 장미에 반하여 옛 시절을 그린다.

  꿀을 가장 많이 생산하는 아카시꽃향기는 동네를 진동하고도 남아 산을 넘어가고 풍년을 약속하는 이팝나무는 아버지의 꿈을 키운다. 그러나 그 시절은 가난했다. 보릿고개는 이때를 말하는데 보리는 익지 않고 모내기 등 일은 많아 농촌에서 가장 살기 힘들 때다. 그래서 슬프다. 밥이 모자라 소쩍새의 전설은 생겨났으며 쑥을 뜯어다 밀기울로 죽을 끓이는 어머니는 허리가 구부러지고 말았다. 가장 화려한 시절이 가장 가난하고 병든 시절로 바뀌는 장면을 꽃과 쑥, 소쩍새와 어머니로 대비시켜 사람이 언제 행복하고 언제 불행을 느끼는 것인지를 말해주는 시인은 그 시절의 어머니가 되어 5월을 불러낸다. 사람은 행불의 교차를 수시로 가진다. 앞과 뒤에 항상 지니고 다니며 조심스럽게 행동하는 교훈으로 삼았다. 시인은 그것을 알기에 5월을 행복과 불행을 동시에 주는 달로 그리며 고향을 부르고 부모를 부른다.

2. 사유를 형성시키고 발현시키려는 의도에서 나온 이해의 과정

정옥희 시인이 정의할 수 있는 영역은 넓다. 언어는 움직여야 한다는 개념을 확실하게 이해하고 의미를 고정하지 않으며, 어떤 상황을 설정하든 기계화하려는 시도를 하지 않는다. 수동적인 묘사의 기능뿐만 아니라 창조의 기능을 가졌다. 이것은 시인의 사유를 형성시키는 데 그치지 않고 발현시키려는 의도에서 나온 이해의 과정이다. 언어의 불확실성을 만나게 되면 그것의 흠을 잡아내는 것이 아닌 복잡한 삶의 상황을 관련지어 새로운 이미지를 만들어 낸다. 다시 말하여 언어의 불확실성에서 분명한 사물의 개념을 다듬어 낸다. 이것이 시인의 창조적인 기능이며 신비감을 갖춰주는 요인이 된다. 그러나 객관적인 사실 자체를 표현하지 않는다. 흔하게 쓰는 언어의 다의적인 특성에 맞춰 사실이 말하는 사람의 마음에 비친 표상을 그린다. 언어 그 자체를 그대로 표현하는 게 아니라 불확정적이고 애매한 기능의 언어에 새로운 의미를 부여하여 언어예술이 지향하는 이미지를 생성한다.

사진 속 빛바랜 추억

벽 안에 있다
마른 꽃잎 같다
오랜 시간 남아 새겼던
마음의 긴 그림자 하나

따스함이 그리워지는 계절
연기 나는 아궁이 앞에서
군불 때던 어머니의 얼굴

창가에 낮게 외로움 퍼지면
울컥 눈물 나는 이유
벽 속에 그려지는
눈빛 선한 나의 어머니
목마른 그 너머
잔가지 사이로 스며드는
노을 한 조각
서산으로 숨어버리기 때문이다

— 〈추억 그리기〉 전문

  사람이 지난 일을 돌이키는 일은 내일을 모르기 때문이다. 과거는 기억에 남아 전처를 밟지 않으려는 의도적인 행위를 주지만 내일은 다가오지 않은 미지의 세계다. 어제가 불안했다면 그것은 더욱 커져 불안감을 떨쳐내지 못한다. 오늘은 현재로서 어제와 내일의 중간이라 하겠지만 그것도 아니다. 오늘은 어제의 반복이며 불안한 내일의 그림이다. 과거에 비교하여 오늘을 살고 내일을 그리는 삶이다. 더구나 사진이나 그림으로 남겨진 과거의 형상은 오늘을 일깨우는 역할로 더 튼튼하게 하는데 그것은 과거가 오늘을 살피는 기준이 되기 때문이다. 시인은 과거의 회상에 젖어 벽에 간직하던 사진을 꺼내놓고 마음에 그렸던 긴 사연을 아주 짧은 순간에 보낸다.

  어린 시절의 어머니, 골목이 펼쳐진 마을 저녁이면 어둠에 젖어 무섬 놀이를 하던 일들이 마구 지나간다. 눈물 흘리는 이유는 묻지 않아도 된다. 어머니는 눈물을 닦아주는 존재가 아니라 흘리게 하는 대상으로 가슴에 살아 있기 때문이다. 이 같은 추억을 그리는 이유는 분명하다. 오늘이 그 옛날의 어머니와 같은 날이기 때문이다. 어머니와 같은 나이가 되고 그 시절 자신이 어머니를 얼마나 생각했는지 회상한다. 지금의 자식들은 그런 이유도 모르고 그런 추억이 없다. 오직 자신만이 그런 추억을 그리며 삶의 궤적을 그릴 수 있다. 누구나 추억을 그리며 눈물을 짓고 아파하지만, 어머니만큼은 다르다. 가장 큰 대상이고 잊지 말아야 할 존재다. 그것을 아는 시인은 어머니의 모습을 추억의 대상으로 삼아 마음의 표상을 그린다.

    집 앞 둘레길 걷다보니
    굽이굽이 걸어온 길 사연도 많다

지나온 날들
얼마나 많은 시간을
되새김하며 살아왔던가
곰곰 생각에 잠긴다
젊은 날
꿈들 모두 어디로 날아갔을까
지금은 빈 꿈의 대문만 열려있다
붉은 노을 앞에서
가끔 사라진 것들에 대한
그리움에 빈 웃음을 짓기도 한다

인생의 가장 짧은 둘레길 위에서
오늘 남아있는 꿈을 손끝으로 세보며
천천히 걷고 있다

— 〈인생〉 전문

나이를 먹는다는 것은
서글픈 일이 아니라
삶에 대한
아쉬움을 갖는 일

언제나
신에게 무릎 꿇는
신성의 일

나이 든다는 것은
넉넉한 마음으로
삶의 자리를 풍요롭게 만드는 일

아직도 미흡한 나는
깨닫기 어려운 상형문자

나이 든다는 일

― 〈나이 든다는 일〉 전문

 사람이 세상을 살아가는 일은 두려운 개척이다. 태어나 유년 시절을 보낼 때는 부모의 그늘에서 보호를 받지만 성장 후에는 오직 혼자의 힘으로 험한 길을 걸어야 한다. 처음부터 모든 것을 갖춰줬다 해도 자신의 것은 없다. 오직 필요한 것만 남기고 잃게 된다. 그러나 사는 방향과 환경에 따라 크기에 맞는 물품이 필요하여 언제나 개척으로 얻어야 한다. 그래서 불안하고 힘들어 꿈을 꾼다. 이루지 못하는 것 이미 이룬 것을 지키려는 꿈, 사랑을 얻고 사랑을 펼치기 위한 꿈, 사람의 꿈은 한계가 없고 원인이 없다.
 정옥희 시인의 인생은 남들과 똑같은 시절을 보냈고 삶을 개척하며 살아왔으며 이제는 남을 위한 삶을 펼치고 자신을 돌아보는 경계에 와있다. 이때가 삶에 가장 많은 시간을 회상으로 보낸다. 나이가 들어간다는 것을 느끼기 때문이다. 나이는 신체만 늙게 하는 게 아니라 생각까지도 늙게 하여 심신이 함께 마지막으로 흐른다. 그러나 시인은 서글픈 일이 아니라 잠시 삶에 대한 애착을 가질 뿐이라고 스스로를 위로하는 여유를 부린다. 신의 부름이라면 언제든지 가겠다는 자세로 두려움을 잊는다. 먹은 만큼 더 베풀고 삶을 깨달아가는 경지다. 그러나 호기일 뿐이다. 이만큼 살았어도 부족하고 해독하지 못한 상형문자로 겉과 속이 다 늙었다는 것을 은연중 고백한다. 나이 든다는 것은 삶의 끄트머리에 닿았다는 것으로 이때는 삶의 이치를 깨닫는 것으로 자연의 윤회를 그린다.

>오늘 기다림 뒤에
>알게 되는 일상의 풍요
>서두름 없는
>삶의 속도는 얼마큼일까
>세상의 파도에
>등 떠 밀려온 여기
>완행열차 타고
>차창 밖 들꽃 보며
>그냥 웃고 싶다
>
>지금까지 나를 따라온
>가파른 오름길에서
>내려다 본다
>저기 노랗게

잘 익은 벼가
고개 떨구고 있다

멀리 지평선 바라본다

— 〈서두름 없는 삶〉 전문

  살아가는 데는 여러 유형이 있다. 간격을 인위적으로 줄이며 힘을 쓰는 사람, 천둥번개가 쳐도 여유만만 느림을 즐기는 사람, 뛰는 것도 모자라 자동차로 달리면서도 서두르는 사람 등 개개인의 성격에 따라 별별 사람이 존재한다. 어떻게 살아도 주어진 만큼 다하면 그만이지만 사는 동안에는 남보다 앞서고 싶고 많이 가지고 싶고 많이 거느리고 싶은 욕망을 누구나 가질 수밖에 없다. 다만 도덕적인 배움으로 그것을 억제하며 이웃을 살피고 함께 가는 사람을 보살피게 된다. 이것이 사람의 근본이다. 도덕과 질서가 무너지면 아비규환이 된다. 그래도 서둘러야 얻을 것이 많다고 느끼는 사람들이 문제다. 서두르다 못해 남을 해치고 훔치고 빼앗기도 한다. 느림의 미학이라는 말이 있는 것은 그런 것들을 정화하려는 목적으로 만들어진 말이다.

  서두름과 빠름은 반대가 아니라 삶의 방법일 뿐이라서 어느 것을 선택해도 삶은 변하지 않는다. 사람들이 그렇게 느낄 뿐이다. 시인은 여기에 붙여 한마디를 더한다. 기다림 뒤에 알게 되는 일상의 풍요를 내세워 속도의 역효과를 파도에 비유한다. 밀려왔다 부서지는 파도의 허망함을 보여주는 것이다. 또한 특급행을 고집하는 문명의 이기심을 완행열차에 비유하여 느림의 미학이 어떤 것인지를 밝힌다. 결국 시인이 도달한 곳은 지평선 위의 작은 언덕이며 그곳에서 바라본 지평선은 분명한 한계가 있다는 것이다. 거기에는 인간을 살게 하는 여유가 있고 여유로 인하여 얻게 되는 식량이 있다는 것을 말한다.

3. 과거와 미래가 혼합된 것이 나이라 지금의 여기를 말하기

정옥희 시인의 시간은 과거와 미래가 혼합된 것이 나이라 지금의 여기를 말한다. 시적 형상에서의 시간은 과거와 현재가 혼합되어서 또 다른 시간을 만들어내는 시대정신의 시간이다. 실재와 세계, 자연과 역사에 대한 이해와 변화를 아울러 그에 상응하는 새로운 사유의 시간이다. 이 시대에 요구되는 인간의 자기 이해를 어떻게 변화시키는가의 올바른 성찰이 시인의 생명론과 자연의 전언을 듣게 하였다. 시인의 앎과 이해의 과정, 자신의 지성으로 모두를 이해하려는 노력이 이 시대에 남고 그 높이에 따라 영원히 간직하려는 탑을 쌓는다. 한마디로 이 시대의 이상적인 시인으로 고유한 족적을 남기려는 의도를 가진다. 이것은 인간이 지닌 자기 이해의 거울이며 생물학적 조건과 합일시키는 의도라 할 수 있다. 시인이 바라보는 사회는 늘 불안하고 어둡다. 어떻게 이런 것을 해소할 수 있을까 하는 고민에 시 쓰기가 시작되고 끊임없이 의미를 부여하고 무엇인가를 제시하려는 인간의 한계를 넘어서려고 한다.

    존재의 경이로움
    나의 일상은 도돌이표
    어디쯤일까
    가던 길 멈추고 뒤돌아보니
    걸어온 길 지워져 찾을 수 없다

    오늘도 무심코 그냥
    바람처럼 지나갈 것이다
    너른 세상 바다에서
    나는 무엇으로 남을 것인가
    곰곰이 생각해 본다

    유리창 너머로 들어오는
    노을 풍경에서
    잊을 수 없는 그리움 가슴에 얹힌다
    아마 내가 잃어버린 신발 한 짝
    여기쯤에서 찾았나 보다

    생명의 환희

                     — 〈생명〉 전문

생명은 존귀하다. 보이는 동식물뿐만 아니라 보이지 않는 미생물일지라도 살아 있다는 것은 경이롭다. 하찮게 보는 벌레와 하루살이의 삶도 근본적으로 기간이 짧거나 회피의 대상은 아니다. 모든 생명 중 사람의 생명을 가장 존귀하다고 하지만 그것은 사람의 생각일 뿐이고 다른 입장에서 본다면 생명은 평등하고 부귀를 나누지 않는다. 그러나 생명의 귀중함을 알지 못한다면 문제다. 사람은 정신을 가진 인격체다. 자신을 알고 남을 배려하며 사회를 만들어 협력한다. 서로의 생명을 위하여 자신을 버리기도 하는 그런 존재다. 하지만 욕망을 위한 범법행위로 사람이 사람을 헤치고 밀쳐내는 행위는 마땅히 벌을 받아야 한다. 또한 하루하루를 살아 있다는 것에 고마움과 만족을 가져야 한다. 정옥희 시인은 그런 시인이다.

남보다 우수하거나 뛰어나지도 않지만 오늘 하루를 살았고 내일을 기약했으니 얼마나 고마운 일인가. 그러나 매일 반복되는 일상이 지루하다. 잠깐 뒤돌아봐도 어제가 오늘 같고 오늘이 어제 같은 그런 삶이다. 이러다가 아무것도 남기지 못하는 게 아닌가 하는 불안에 휩싸인다. 그렇다가도 그렇지 이만큼 살아온 것이 얼마나 고마운가. 오늘 하루를 살아도 내가 만족한다면 됐다는 긍정의 자세로 내일을 맞이할 준비를 한다. 삶은 잃어버리기다. 어제를 잊지 못하면 내일이 없을지도 모른다. 그런 삶에서 환희는 가지는 사람이 몇이나 될까. 시인의 자서처럼 반쪽을 지니고도 만족한다면 생명의 환희는 곧바로 느낄 수 있는 것이다.

바다의 생명들은
저마다 보이지 않는 바다에서도
길을 잃지 않는다

세상 사람들은
길을 두고 길 아닌 길을
갈 때가 많다
물속에서 자유로운 목숨들
파도소리 그리워
울고 있을 뿐이다

지상에서 우리는 무엇을 위해
살아가고 있는 것일까

인간이 품고 있는 자아의 씨
언제쯤 빛의 길을 찾아 낼 수 있을까

— 〈바다에서 길을 읽다〉 전문

물은 윤회의 상징이며 삶의 원천이다. 비로 내려 냇물이 되고 강물이 되었다가 바다에 모이고 다시 하늘에 올라 구름이 되었다가 비로 내리는 순환의 고리를 벗어나지 않는다. 그 모든 것은 태양의 작용이 이뤄진다고 해도 물의 근원이 변하는 것은 아니다. 최초의 문명은 강이나 바다에서 왔고 물을 떠나서는 살 수 없다는 것을 알게 된 때부터 사람의 생명은 물을 떠나지 못한다.

살아가는데 길이 만들어진다. 그러나 움직이지 않는다면 길은 존재하지 않는다. 동경심이나 모험심으로 개척하려는 의지에 걸음은 시작되고 그 자국이 길이다. 길은 사람의 모든 결과물이 집합된 자국으로 길을 모른다면 과거와 현재 그리고 미래가 없다.

이 작품은 모든 사람이 가야만 하고 만들어야 하는 길의 존재를 한 층 부각해 삶의 측도를 재는 시편으로 만들어 내었다. 사람은 길을 만드는 존재지만 길을 잃기도 하는 망각을 가졌다. 어디서 와 어디로 가는 것인지는 몰라도 보이는 길을 잃는 것은 모두를 잃는 것이다. 시인은 바다에 사는 생명들은 길을 잃지 않는다고 한다. 생명의 원천인 바다이기 때문이다. 사람은 바다를 떠나와 육지에서 살지만 바다가 주는 원형을 잃지 않는다. 육지의 길은 두고 떠날 수 있지만 바다의 길은 언제나 함께해야 하는 것으로 그것은 생명의 바다이기 때문이다. 그것을 잊지 않은 시인은 바다를 떠나온 사람이 땅에서 무엇을 얻고 어떻게 살았는지를 깨닫는다. 험악해지는 삶에서 새로운 길을 찾아내었다. 이제 생명은 원형의 바다밖에 없다는 것을 알게 된 시인은 바다의 중요함을 만인에게 전하는 것이다.

> 나는 누구인가
> 나를 읽는다
> 내가 나에게서 멀어지고 있다

나를 아는 것이
나답게 사는 것 일 게다
외면할 수 없다
나도 모르는 나 찾기
자연스러운 시간의 흐름
변덕스런 날씨 같다

누군가 나에게
삶이 즐거우냐 묻는다면
나는 무엇이라 답할 수 있을까
굳은 살 되기까지 참아왔듯이
삶과의 전쟁 스스로에게
평안의 악수를 청한다
나를 찾기 위해
마음에 등불을 켜 놓는다

— 〈자화상〉 전문

 사람은 앞으로 나가는 힘이 강할까 아니면 뒤를 돌아보는 힘이 강할까. 놓친 것들은 항상 크고 못 이룬 일들은 더욱 아쉽고 크다. 앞을 지향하지만 뒤를 모른다면 나가는 힘을 잃게 되는 것이다. 일생은 주어진 만큼이다. 그 어떤 일을 해도 주어진 이상은 이룰 수가 없다. 영웅이라 칭송받는 징기스칸 알렉산더 나폴레옹이나 히틀러 등 많은 정복자가 무리하게 전쟁을 일으켰으나 그 삶은 짧고 비참했다. 욕망은 주어진 것을 넘으려는 것에서 시작되었으나 나무라지 못하는 것은 사람의 정신은 무한대이기 때문이다. 그 어떤 크기도 담을 수 있고 가질 수도 있는 정신, 그게 바로 사람이다. 그래서 후회가 남는다. 이뤄냈건 이루지 못했건 무엇인가를 남겨 표식을 삼으려 한다.

   요즘 시인 중에 많은 돈을 들여 시비를 세우는 일이 허다한 것처럼, 시인은 뒤를 돌아보는 원력의 힘에 자화상을 쓴다. 다만 자신을 돌아보는 작품으로 자화상을 쓴다면 그때만이라도 자신을 돌아보게 되고 그 힘으로 남은 생의 지표로 삼게 된다. 시인의 자화상은 그래서 새롭다. 즐거운지 물음에 대답하지 못해도 삶과의 전쟁에서 이만큼 이뤄냈는데 무엇이 부끄러울까. 그런 자세가 앞으로도 올바른 길을 가기 위해 당당하게 자신을 드러낼 것이다.

4. 사물에서 이뤄진 정신적 현상을 진실하게 찾아내는 시인

   정옥희 시인은 사물의 숨겨진 원인이나 작용을 탐구하는 것이 아니고 사물에서 이뤄진 정신적 현상을 진실한 방법으로 찾아내어 영혼을 상상으로 몰입하게 하며 인간 정신을 바로 세운다. 인간의 목적에 맞춰 사물을 변화시키는 것이 아니라 인간의 정신에 맞게 사물을 그리는 것이다. 여기에는 어떠한 가식이 없으며 오직 올바른 삶의 자세만 있을 뿐이다. 이것은 누군가에게 인정받으려는 목적으로 시를 쓰는 게 아닌 자신을 알기 위한 정신세계의 활로를 찾기 위해서다. 이런 자세는 선천적인 사고에서 이루진 삶의 성찰에서 나오고 시를 쓰면서 수동적인 묘사 기능뿐이 아니라 적극적인 순수성을 발현시키는 역할로 작품을 쓴다. 사유를 형성시키는데 그치지 않고 그것을 형상화하여 삶의 이해와 해석을 가능하게 한다. 또한 과거와 미래가 혼합된 것이 아니라 지금 여기를 말하는 힘이 강하게 표현된다. 앞으로 많은 작품으로 독자와 만나게 될 것이지만 이대로의 여정이라면 좋은 작품을 더 쓸 것으로 기대한다.

계간문예시인선 **208**
정옥희 시집 _ 그리움 서성이다

초판 인쇄 2024년 10월 2일
초판 발행 2024년 10월 7일

지 은 이   정옥희
회   장   서정환
발 행 인   정종명
편집주간   차윤옥

펴 낸 곳 도서출판 **계간문예**
주   소   03132 서울 종로구 삼일대로 30길 21 종로오피스텔 1209호
전   화   (02) 3675-5633 팩스 (02) 766-4052
이 메 일   munin5633@naver.com
홈페이지   http://cafe.daum.net/quarterly2015
등   록   2005년 3월 9일 제300-2005-34호
연 락 처   03132 서울 종로구 삼일대로 32길 36 운현신화타워 305호
인   쇄   54991 전북 전주시 완산구 공북1길 16, 신아출판사
ISBN 978-89-6554-304-6 04810
ISBN 978-89-6554-118-9 (세트)

값 12,000원

잘못 만든 책은 바꾸어 드립니다.
저자와 협의하여 인지를 생략합니다.